Todo comenzó, en un extraño sueño, en ese extraño sueño existía un hermoso lugar, muy bello, tan bello que se hace sumamente difícil describirlo, ¿El nombre de ese lugar?, ¿dónde queda?, no importa, fue como si toda mi vida hubiese buscado un lugar así. Paso a describirlo, si es que, con palabras, puedo hacerlo. ¿Lo intentamos juntos?, yo con mis relatos, y si ustedes me acompañan, con su imaginación quizá lo hagamos posible, ¡Sí!, bien, comencemos.

Cierta noche, dormido y muy cansado, como de costumbre, después de haber jugado mucho con mis amiguitos durante el día, noté como si estuviera flotando en el sueño, a la vez algo o alguien me trasladaba hacia algún sitio, al principio los lugares eran muy familiares, es decir, apacibles, bellos y pintorescos, pero conocidos, poco a poco, esos lugares iban cambiando. Al tiempo que una dulce, muy dulce melodía, me acompañaba en ese misterioso viaje, que recién comenzaba, me dejaba llevar atraído por el misterio que encierra lo desconocido y ver con lo hermosos y apasibles en que se iban transformando los distintos lugares que atravesaba. No dejaba de sorprenderme tanta belleza, en todo el trayecto me llamó la atención ver lindísimos lugares y plantas nunca antes vistas por mí.

Pero nada oía, un silencio absoluto, esa dulce melodía que me acompañaba había dejado de hacerlo y el viaje comenzó a cobrar más y más velocidad. Aquí comenzaba a inquietarme un poquito, me daba cuenta de que estaba viviendo este sueño casi real, que aun así me tenía preocupado el desconocimiento del motivo y el porqué de mi viaje, eran la razón y la causa de esa preocupación. Calculé que me encontraba muy lejos cuando el vertiginoso traslado se detuvo, me encontraba en algún sitio, desconocido por mí, pero estaba muy tranquilo, ya sin preocupación y observando cada cosa que me rodeaba. ¡De repente, una voz me llama!

- ¡Oye!......., ¡oye!......., ¿quieres saber dónde te encuentras, verdad?

- Realmente y si no te disgusta explicármelo..... ¡Sí! me gustaría.

- ¡Pues bien!, comenzaré diciéndote que este sitio sólo tú lo has visitado, porque la idea es que poco a poco se comprenda lo maravilloso y mágico que es ¡VIVIR!, ¿Estás de acuerdo con mi forma de pensar?

- ¡Sí!, lo estoy, pero al hablar lo que más me gustaría es ver y saber con quién lo hago.

- Disculpa, pero me estás mirando desde hace largo rato.

- Sin embargo, no te veo y sigo sin saber con quién estoy hablando, entre otras cosas, me gustaría conocer tu nombre.

- Mi nombre es muy fácil pronunciarlo, también te agrada introducirte dentro mío. ¡Ahí!, ahí me estás mirando.

- ¡Caramba!, ¡Caramba!, que este sea un lindo sueño, está bien, pero lo que yo estoy mirando, es el agua del arroyito.

- ¡No señor!, no soy un arroyito, ¡SOY RÍO! ¿Viste que sabías mi nombre y con quién estabas hablando, y que también muchas veces te has introducido dentro mío?

- Dime si este sueño es real, es decir, si esto que estoy soñando está sucediendo verdaderamente y este lugar existe en algún sitio.

- ¡Sí!, este lugar existe, por supuesto, como tú lo has dicho, en algún sitio.

- ¿Cómo se llama este lugar? ¿Cómo se puede llegar aquí?

- Despacito,......... despacito te contaré muchas cosas, pero antes me gustaría conocerte un poquito más.

- Pero, si acabamos de conocernos.

- No es tan así, en muchos de tus sueños hemos estado en contacto, claro, sin que hayamos hablado, tampoco te traje hasta aquí, como ahora, pero en muchos de tus sueños te observamos y es por eso que estás ahora entre nosotros.

- ¿Por qué a mí, si hay muchas personas como yo?

- Observa detalladamente todo este lugar y dime si te gusta y por qué.

- Mira Río, el lugar podría definirlo de forma sencilla, ¡HERMOSÍSIMO!, el bosque tiene árboles imponentes, tanto por

su tamaño, como también por su belleza, no es muy tupido, como dejando espacio para observar la llegada de algún intruso, muy florecido, con tantas variedades de flores, jamás imaginadas por mí, una combinación de colores ¡perfectos!, sumado al verde maravilloso del pasto fresco y aparentemente tierno, esto en cuanto a la Flora. Si tengo que opinar de la Fauna, todo el trayecto hasta aquí, todo el tiempo que he hablado contigo, no vi ningún animalito, pero este sitio que tú atraviesas, Río, muestra una belleza sin igual, ¿qué más puedo agregar?, muy luminoso y aparentemente se ve muy seguro, pero insisto, no vi ningún animalito, ¿los hay?
- ¡Muy bien!, has hecho una descripción tan exacta, como precisa, te diré, hay animalitos y muchos, pero son muy tímidos, por eso no los viste, ¡pero ya los verás!
- ¿Porqué tanto misterio?
- Ya estás dándote cuenta del porqué de tú presencia y lo importante de este paseo (dependerá de ti volver o no nuevamente).

- Me quieres decir que si deseo volver en otro momento, y tú, Río, no estás de acuerdo, ¿no podré hacerlo?

- ¡Exacto!, éste es el motivo de tú presencia, todo este secreto tiene su porqué, ¡pon atención! Cierta vez pasaba por un bosque tan bonito como éste. De repente escuché un estruendo terrible, era extraño, debido al lugar, similar al que nos encontramos ahora, donde se respira con libertad y en paz. El motivo de aquel ruido era provocado por un leñador derribando árboles, por que tapaban la luz del Sol de la casa que había construido detrás de esos árboles. ¿No hubiese sido más fácil tener en cuenta ese detalle antes de la construcción de su vivienda y evitar no tener luz del Sol?, Así dejó sin casa a muchos animalitos que habitaban sobre esos árboles, como ejemplo te nombro, Ardillas, Loros, Palomas, Búhos, Pájaros, en fin, a más del dolor que sentían los árboles, cuando estos caían, destruían las madrigueras (son las casitas de los Conejos y las Comadrejas), también a bonitas flores, en un instante breve, se transformó un lugar hermoso y apasible en un bosque horrible e inseguro.

Observar todo ese desastre me provocó un gran dolor. Ver a los pichoncitos caídos sobre el piso, sin comprender qué sucedía, llorando junto a sus padres. No sólo se habían quedado sin casa, además del susto, el peligro que corrían permaneciendo en ese lugar, con la caída de cada árbol, podrían ser aplastados; toda esa tristeza nunca vista provocó en mí algo mágico, como fue el hecho, de detener mi cause, ¡Síííííí!, me detuve, dejó de correr el agua dentro mío, y quedé inmóvil como si fuera un espejo de agua por unos instantes. Había que hacer algo al respecto y se me ocurrió llamar a todos los animalitos, allí doloridos y sin encontrar una explicación a lo sucedido, los invité a que viajaran conmigo y busquen un nuevo lugar para vivir nuevamente en la forma que lo venían haciendo. Junto a la sorpresa y al temor que estaban viviendo se sumaba lo inesperado de mi conversación mantenida con todos ellos, me respondieron que sí, sin consultarse entre ellos, quizá debido al temor y un poco al dolor que causaba esa situación, irían junto a mí hasta ese lugar pronunciado anteriormente, pensando que yo conocía dónde quedaba. (Pero aun desconocía el lugar que buscaríamos entre todos) Lo importante era salir de allí rápidamente, antes de tener que lamentar más pérdidas. Había que pensar cómo íbamos a trasladarnos; se propusieron distintas soluciones al caso, unos votaron ir volando sobre mí, otros (que no volaban) pretendían ir corriendo junto al lecho (orilla del Río). Todo era bueno, pero nadie tuvo en cuenta a los más pequeñitos, el duro y largo viaje los dejaría muy mal y muchos se perderían antes de llegar; entonces se me ocurrió una idea, les comenté, que al oscurecer entre todos podían ayudar a los árboles caídos y ponerlos sobre mí, dentro de ellos la mayoría tenía su casita, ¿que les parece?

- ¡Bravo Río!, dijo Don Pajarito, ¡brillante idea!

Continúa el Río su relato.

- Así comenzó una historia por demás interesante, que gustoso te contaré, claro, si te interesa, me preguntó, el Río.
- ¡Síííí!, ¡Síííí!, contesté muy atento y atraído por tan interesante relato.
- Continúo, dijo el Río, una vez y tras arduo trabajo, colocados los árboles sobre mí y sobre los árboles todos los animalitos, comenzó a correr el agua nuevamente dentro mío, hasta ese entonces detenida (desde que observé todo lo ocurrido y colocaron los árboles sobre mí), pero hubo un detalle que no tuve en cuenta y fue el siguiente.
Dentro de mí, viven y viajan conmigo, Peces, Ranas, Caracoles, Tortugas, Anguilas y muchos animalitos más, junto a muchas Plantas acuáticas y mi detención, les provocó gran nerviosismo a todos ellos. Si no continuaba con el movimiento de mis aguas no se renovaría el Oxígeno y todos los animalitos y las plantas morirían por asfixia. Al reanudar mi torrente y volver todo a su normalidad, los peces me preguntaron qué había sucedido y pasé a

describirles los hechos. No sólo comprendieron, también les provocó mucha indignación, y entre ellos comentaron qué bello gesto tuvo el Río en trasladarlos a todos hasta un lugar seguro. Esas palabras me emocionaron, y me obligaron a encontrar un sitio que además de bello fuera seguro para vivir tranquilos en él. Una vez explicado y presentado el panorama a los amiguitos que viajan dentro mío, ajenos a lo que pasa fuera del agua, avanzamos, lentos pero seguros, sobre los árboles. Todo ese mundo de sueños e interrogantes hacía que viajaran en silencio, también para que los más pequeñitos pudieran dormir, después de los momentos tan duros que les ha tocado vivir. Así transcurrió la primera noche del viaje, tranquila y a la espera del amanecer. Al despertar el alba (con la salida del Sol) fue distinto de cuando partimos, ya distantes de aquella pesadilla y más cerca del nuevo lugar, desconocido aun, cada uno se formaba distintas ilusiones y sueños, yo no sabía donde quedaba pero hacia él íbamos, todos juntos, unidos y felices de estar sanos.

- Buenos días, saludó Don Búho.

- Buenos días, contestamos todos a coro. Aquí, después de pasar la noche tranquila, al despertar se notaban más distendidos todos, como si se hubiesen olvidado la horrible pesadilla vivida, hacía muy poquito tiempo atrás. Hasta que llegó la pregunta obligada y sabía que iban hacerla tarde o temprano.

- ¿Falta mucho para llegar, Río?,- Preguntó Doña Coneja.

- ¡No!, falta menos, contesté, era verdad, faltaba menos, ¿cuánto?, eso sí no sabía precisar, tampoco me preocupaba, viajábamos seguros, todos sanitos y ahora hay que agregar, alegres y con ganas de divertirse, tanto, que algunos comenzaron a cantar, otros a silbar, con gorjeos propios de los pajaritos, los más tímidos, se limitaban sólo a oír, es también una forma de participar, festejando la actuación de los actores, (claro, a otro lugar, de momento no podían ir), así de buen humor, se acortaba la distancia, al tiempo, que empezábamos a conocernos todos más y mejor, debido a la convivencia obligada, lo curioso fue que nos entendíamos, como si habláramos un idioma Universal, fíjate qué importante, contigo también hablo y me comprendes, ¿verdad?

- ¡Sí!, es cierto, te entiendo, pero no comprendo por qué fui elegido, habiendo tanta gente igual a mí, para hacer este viaje.

- Ahí está el motivo, eres un tanto especial y distinto a los demás y tu llegada a este sitio tiene un significado y es que debes comunicarles a todos los niños, que la vida es una sola, aun cuando haya vidas diferentes, a todos, el dolor, la alegría y la felicidad, les llega por igual, sin importar, color de piel, clase social, etc.

- Perdona, pero tú Río, me dices a todos los niños, ¿Y a los grandes?, ¿Por qué no?

- ¡Mira!, los niños guardan esa frescura y pureza que les da la inocencia, que muchos grandes han perdido por pensar en las riquezas y el poder, por eso, los niños teniendo este mensaje dentro su corazón y su mente, al ir creciendo, con la idea de no destruir más allá de lo necesario, tomar de la Naturaleza para vivir y pensar que la Tierra debe continuar, aun cuando nosotros ya no estemos, si esos niños, cuando grandes, aprendieran a respetar la vida. Lugares como éste existirán a montones y no habrá que ocultarse, ante la presencia de leñadores o cazadores, ¿no sería hermoso?, compartir todos los seres del planeta sin temor a su destrucción, por las manos de quienes viven en él.

- ¡Claro!, respondí, tú eres el encargado de custodiar estos lugares llenos de vida y tan bellos, ¡Tú!, que no tienes vida, es muy noble de tú parte.

-¿Estás seguro?, y me lo dices, después de haberte contado la vida que llevo dentro mío, si no tuviera vida, ¿como vivirían todos estos animalitos y plantas?, ¡Respóndeme!

- ¡Sí!, es cierto, me detuve a pensar y no encontré respuesta coherente posible, no sólo por dejar satisfecho al Río, sino a mí también, junto a la sorpresa de esa pregunta, me di cuenta de que el Río era muy inteligente y al principio, lo subestimé, le respondí con honestidad, no tengo respuesta posible, querido Río, realmente mi sorpresa e ignorancia, supongo, que les llegará también a cuantos Seres Humanos me oigan, hay detalles prácticamente no tenidos en cuenta y son importantísimos, fíjate, realmente mi torpeza por decirte que no tienes vida, ahora agregaría que dudo si no tienes corazón, ante tus gestos sensibles, que a muchos de nosotros nos falta a ti te sobran.

- No te sientas mal, me consolaba el Río, si esto que te sucedió a ti, ya lo hemos experimentado con otras personas y ya ves, todo sigue igual, es decir, escondiéndonos, por eso te pido que transmitas este importante mensaje a todos los niños del planeta, y no a los grandes. Pero, continuemos con el relato del lugar maravilloso que estábamos buscando, a medida que avanzábamos, los lugares parecían más bonitos y seguros, tanto, que nos detuvimos a descansar un momento, para comer algo y después continuar la marcha, con fuerzas renovadas.

- Pero en caso de que llegaran cazadores o leñadores, ¿Cómo haces Río para detenerlos?

- Le pregunté, esperando una respuesta inteligente por parte del Río.

- ¡Así como detengo mi cause!, ocurre, que también puedo cambiar el curso del agua, hasta desviarlos, por alguno de mis brazos (afluentes), no se darían cuenta y los enviaría al bosque que nos obligaron a dejar, protegiendo de este modo, al nuevo lugar que elegimos y también a nuestros amiguitos, pero veamos, habíamos detenido la marcha para descansar y alimentarnos, retoma el relato el Río, una vez satisfechos, reanudamos la marcha, los animalitos estaban un poco cansados y yo comenzaba a preocuparme, al no encontrar un lugar que reuniera las condiciones deseadas, más que nada, por el compromiso de no equivocarme, con la elección del sitio en que se instalarían y podrían vivir felices, claro, después de haberlo recorrido y mirarlo bien, si reúne las garantías necesarias, para habitar este nuevo bosque.

- ¡Miren ese lugar!, comentó Don Pajarito, sería posible detenernos, Río, para inspeccionarlo bien, ¿Éste es el lugar del que nos hablabas?

- ¡No!, no es éste el sitio, pero si desean ver el bosque, no habría inconveniente alguno, lo que sí les pido, no se apresuren a tomar una decisión, recuerden que el sitio que elijan, debe ser para siempre y todos deben sentirse a gusto.

- Gracias por tus palabras, contestó Don Palomo, bueno si me permiten yo me ofrezco en realizar un reconocimiento aéreo, gracias a que puedo volar.

- ¿Puedo acompañarte?, dijo Don Loro.

- ¡Será un placer!, respondió Don Palomo, si alguien más desea venir está invitado.

- ¡Yo también voy!, dijo Don Búho.

- ¡También yo!, repitió Don Pajarito.

- ¡Cuenten conmigo!, se ofreció Don Halcón.

- ¡Muy bien!, comentó Don Palomo, ¿nos ponemos en marcha, les parece bien?

- ¡Síííííí!, contestaron todos, los que irían al reconocimiento, como los que se quedarían esperando, llenos de ilusión, que la respuesta al regresar sea, ¡Sí!, nos quedamos.

Volaron y volaron, mirando aquí, mirando allá, llevaban mucho tiempo recorriendo gran parte del nuevo bosque volando, hasta que Don Palomo sugirió, ¿Qué les parece si tomamos un pequeño descanso?, después continuamos recorriendo.

- ¡Sí!, contestó presuroso Don Pajarito, recordemos que es el más pequeño en tamaño del grupo de exploradores y si los grandes estaban cansados era de imaginar como se sentiría él; podríamos ir sobre aquel hermoso Pino, o aquel bello Ceibo. ¡Qué bonitos son!, ¿no les parece?

- ¡Así es!, dijo Don Búho, pero mejor vayamos sobre aquel hermoso Eucaliptos, es mucho más amplio y cómodo, también es más alto y podremos observar desde allí cualquier peligro, si llegara el caso, además no tienes problemas de espacio, tú tamaño es menor al que ocupamos, tanto Don Halcón, como yo, ¿Qué opinas?

- ¡Está bien!, dio su conformidad Don Pajarito, no hay problemas, vayamos hasta el Pino, ¡No!, ¡No!, digo hasta el Eucaliptos y se echó a reír, al ver el rostro sorprendido de Don Búho.

- Hacia allí partieron, una vez acomodados sobre las generosas ramas del Eucaliptos, comenzaron los intercambios de opiniones.

- A mí me parece que este bosque es un sitio muy bello y muy seguro, claro en mi caso, dijo Don Loro, construiría mi nido en lo más alto de este árbol.

- Yo tampoco tendría inconveniente alguno, respondió Don Palomo, el lugar que hemos recorrido me maravilló y en mi caso sería distinto, podría en este árbol o en el Pino, o el Ceibo y no necesariamente debo construirlo en la punta de un árbol, también estoy casi seguro que a mi familia le va a encantar.

- Para mí es hermoso, claro distinto al que tuvimos que abandonar, pero debido a las circunstancias que nos obligaron, estoy feliz de este lugar, dijo Don Pajarito, podríamos instalarnos con mi familia sobre cualquier rama y de cualquier árbol, también lo noto muy tranquilo y aparentemente por lo que recorrimos, muy seguro y por sobre todo, ¡me gusta mucho!

- Entonces qué estamos esperando, ¡Volvamos rápido junto al Río!, y contemos a todos nuestros seres queridos que nos quedamos, dijo muy convencido Don Halcón.

- Me parece que se están olvidando de algo, no todos los que esperan nuestro regreso con tanta ansiedad y son compañeros de viaje, viven sobre los árboles, ¿Para todos ellos, también es cómodo y seguro?, dijo Don Palomo.

- ¡Es cierto!, contestó Don Búho, hemos sido un tanto egoístas, en todo caso, he sido un tanto egoísta ¿Entonces?, tendríamos que sobrevolar nuevamente todo el bosque a menor altura.

- Me parece que es lo mejor, explicó Don Halcón y ordenó, ¡En marcha!

- Así comenzaron una nueva revisión a todo el lugar, con vuelo rasante y observando dónde podrían hacer sus madrigueras los Conejos, Comadrejas y hasta los hormigueros, cuando de repente, se han paralizado de terror, delante de ellos estaba un cazador, con su escopeta lista para ser disparada y ...¡disparó!, en un bosque con tanta tranquilidad y silencio, como el que había en el lugar, el estruendo provocado por el disparo de la escopeta, ¡Buhuuummm!, causaría temor a cualquiera y más a nuestros amiguitos que sólo buscaban tranquilidad y seguridad para ellos y sus respectivas familias.

En tanto, continúa su relato el Río, encima de los árboles que estaban sobre mí, a la espera de los "Viajeros exploradores", aquel disparo provocó un pánico general a todos, desde los más chiquitos, hasta los más grandes, incluido yo (el Río), sin conocer la realidad de lo que estaba sucediendo, nos imaginamos lo peor.

Pero nuestros amiguitos, pasada esa ráfaga fría, que provoca el susto, volaron hasta detrás de un Pino, cubriéndose con sus tupidas ramas y en silencio, transcurrido un tiempo, se escuchó.
- ¡Estamos todos bien!, ¿verdad?, preguntó Don Palomo, muy nervioso y con la esperanza que todos contestaran, ¡Sííí!
- ¡Síííí!, contestaron casi a un mismo tiempo, sólo Don Búho atinó a decir, bien, pero muy asustado y sorprendido, no esperaba algo así.
- Pero los disparos no fueron dirigidos a ellos, fueron en la misma dirección en que se encontraba el grupo de nuestros amiguitos, el cazador, no los había visto, igual era para temer, porque pudo haber ocurrido una desgracia con cualquiera de ellos.
- ¡Volvamos al Río!, solicitó Don Loro.
- Don Halcón propuso esperar un ratito más, para no ser sorprendido nuevamente, debido a que nuestros amiguitos no sabían si ese disparo fue dirigido hacia ellos o no, porque si ese disparo era para ellos, el

cazador los estaría buscando, para volver a dispararles e intentar dar en alguno de ellos.

- ¿Y si va para el Río?, preguntó temeroso Don Pajarito.

- Por suerte se aleja de nuestro camino, no nos vio y va en sentido contrario al Río, donde nos están esperando, explicaba alegremente, Don Búho, al tiempo que agregó, este suceso nos ha demostrado que el lugar es muy bello, pero de seguro no tiene nada.

- Del mismo modo opino yo, dijo Don Halcón, pero debemos estar muy contentos, de haber ido a revisar nuevamente el lugar, para los amiguitos no voladores, pero ¿Observaron que no hemos encontrado a ningún animalito?, recién ahora estoy pensando, por algo será, se ve que nadie se siente cómodo y seguro en este bosque, ocurrirá lo mismo cuando alguien descubra donde anteriormente habitábamos todos nosotros y su belleza los atraerá sin duda, pero después seguramente notarán lo que nosotros y partirán en busca de otro bosque seguro y bello para instalarse definitivamente.

- ¿Ahora sí podemos volver al Río?, preguntó Don Loro, ansioso por partir y ver al resto del grupo junto al Río.

- Yo diría que sí, comentó Don Pajarito, teniendo en cuenta que ese disparo efectuado por el arma del cazador, habrá asustado a todos nuestros familiares y amigos, nosotros estamos bien y lo sabemos, pero ellos no y deben estar muy preocupados pensando que quizá alguno de nosotros esté lastimado o no vuelva.

- ¡Cierto!, afirmó Don Palomo, ¡Vayamos rápidamente junto al Río!

- Al llegar hasta mí, (relata el Río), hubo gritos de emoción contenida por la incertidumbre, que provoca el temor en los que esperan, casi a un mismo tiempo partió la pregunta, ¿qué pasó?, ¿oímos aquel disparo y temimos por todos ustedes?

- No fue más que un susto, explicó Don Palomo.

- Continuó Don Loro, estábamos recorriendo el bosque, por segunda vez, para ratificar lo que vimos en una primera pasada, ahí nos pareció muy bello y seguro, luego dimos una segunda recorrida para confirmar que era el lugar que estábamos buscando para quedarnos, cuando delante nuestro observamos atónitos que se encontraba un cazador con escopeta en mano preparado a disparar, quien sabe a qué, porque a nosotros no nos vio, si bien dio la impresión de que disparó hacia nosotros, eso sí, quedamos paralizados de terror, después del disparo, nos refugiamos detrás de un bello Pino, mientras observábamos el rumbo que tomaba el cazador, esperamos un lapso de tiempo, por temor que nos siguiera hasta aquí, cuando se alejó lo suficiente y en rumbo contrario a éste, partimos para unirnos a ustedes, contarles lo sucedido, y aquí estamos, sanitos y contentos, pero eso sí, les aconsejo irnos de este lugar sin pérdida de tiempo, no es para nada tranquilo, ni seguro, aunque sí, es muy bonito.

- ¡Ya mismo tendríamos que partir! ¡Qué estamos esperando!, dijo Doña Ardilla muy nerviosa.

- ¡Tranquilos!, todos estamos bien y muy seguros, acomódense nuevamente sobre los árboles y seguimos nuestro viaje, dijo el Río.

- ¡Sí!, vamos, suplicó Don Conejo, estamos todos listos y en condiciones de partir, cuando tú quieras, querido Río.

- ¡Bien!, dijo el Río, allá vamos, al reanudar la marcha, seguían los comentarios de todo lo que pasaron en ese bello pero inseguro bosque.

- ¡Menos mal que no lastimaron a ninguno!, hubiese sido terrible, comentó Doña Comadreja.

- Gracias a que volvimos a revisar el lugar, porque con seguridad íbamos a aconsejarles a todos, que nos quedáramos en este sitio, en un primer recorrido, lo notamos muy tranquilo y seguro, opinó Don Halcón.

- ¿Cómo sabremos si el lugar que gentilmente nos lleva el Río, es seguro?, opinó Doña Coneja.

- ¡Cierto!, afirmó Doña Ardilla, a ver si es igual al que acabaron de recorrer nuestros exploradores.

- ¡Por favor!, contestó el Río, aun no hemos llegado y ya están pensando, que van a tener problemas, no hay que pensar nunca en negativo, aun cuando pensemos que será difícil, hay que ponerle una cuota de fe, optimismo y agradecimiento al hecho de estar vivos, eso sí hay que tenerlo presente a cada instante, sin temor y todos unidos. ¿De acuerdo?, ¡Síííííííííí!, contestaron todos casi a un tiempo, el paseo, se hacía largo, debido a las tensiones por las que estaban viviendo últimamente, recordemos que todos ellos vivían cómodos y seguros hasta la llegada de aquel leñador, pero así y todo, es hermoso contar con tantos buenos amigos, quizá si el dolor y el temor fue motivo principal de acercamiento entre los unos y los otros. Recorrimos muchos lugares lindísimos, pero no todos eran vistos por nuestros amiguitos, algunos muy tapados, otros parecían desprovistos de buen alimento, pero el motivo principal era alejarse bastante de ese último sitio donde la pasaron tan mal, en un pasaje de este viaje, me preguntó Doña Coneja, dime Río, ¿Tú eres quien menos problemas tiene, al decidir en que sitio nos instalaremos?, ¿verdad?

- ¡No!, no es así de simple, tengo más problemas que cualquiera de ustedes, aun cuando no de igual modo, fíjense si debo tener cuidado, con la elección del lugar, si llegara a distanciarme demasiado de mis afluentes, éstos no alcanzarían a enviarme suficiente cantidad de agua, entonces, ¡moriría!, más rápidamente que ustedes y posteriormente, morirían todos ustedes de sed, no se olviden (Como ya les conté), que dentro mío llevo a muchos seres vivos: peces, tortugas, plantas acuáticas, etcétera, estas plantas acuáticas, junto a los árboles, pastos y todo ser vivo vegetal de color verde realiza fotosíntesis, por poseer clorofila, gracias a ello respiramos oxígeno, claro con la ayuda de mi mayor enemigo, ¡el Sol!

- ¡Perdona!, interrumpió Don Palomo, como es que el Sol es tú mayor enemigo, si nosotros vivimos gracias al Sol, él nos da luz, calor y ayuda en el crecimiento de las plantas, a la vez de servirnos de alimento, y dijiste es "Mi mayor enemigo", ¿puedes explicarme ese punto por favor?

- Con mucho gusto, contestó el Río, sucede que el Sol, también, me brinda luz y calor, pero con sus poderosos rayos solares que elevan la temperatura, eso hace que se evapore gran cantidad de agua (recordar el ciclo del agua), donde con los vapores se forman nubes, éstas son arrastradas por el viento, esos vapores se condensan (es decir, se convierten nuevamente en gotas de agua), las nubes se saturan con tanta agua, dejándolas caer en forma de lluvia, pero esa lluvia, a lo mejor cae lejos de mí, por ello la importancia de estar en contacto permanente con mis afluentes y abastecerme del agua que fue evaporada de mí, de no ser así, moriría y conmigo todos los seres que viven dentro mío y son muchos, como ves Don Palomo, la elección del lugar es muy importante y además, hay que recordar que todos estamos en la vida por algo y todos cumplimos una importante misión, aun cuando no lo parezca, todos somos importantes por igual.

- ¡Discúlpame!, interrumpió Doña Coneja, no había pensado nunca de esa forma, pero seguí atenta tú relato y me dije, "¡cuánta razón tiene el Río!"

- ¡Está bien!, pero no te disculpes, continúa el Río, aun cuando parezca mentira, hay muchos seres que no lo toman en cuenta, por eso es lindo repetirlo y que se sepa que hasta el "SER VIVO" más pequeñito, es importante y se lo debe respetar y proteger por el más grande y no abusar jamás por su fuerza o tamaño.

- Todo muy lindo, pero en definitiva, ¿qué es más importante, el Sol, el agua, o el oxígeno?, preguntó Doña Comadreja hija.

- No es muy fácil explicarlo, pero lo intentaré, voy a ponerte como ejemplo a tu familia, quién es más importante para vos, ¿tu papá, tu mamá o tus hermanos?

- ¡Eso es distinto!, si mi papá, mi mamá, o mis hermanos no existirían, los demás seguirían viviendo, pero si no tuviéramos Sol, no habría fotosíntesis y no tendríamos el oxígeno que liberan las plantas y si no tuviéramos agua no vivirían las plantas para poder realizar el proceso de fotosíntesis para entregarnos el oxígeno. ¿Es así como funciona todo lo que hace a la vida, Río?

- ¡Sí pequeñita!, es así, pero tú hablaste a lo que hace al planeta Tierra y mi ejemplo también fue a nivel Universal, que es tu mundo, tu familia y fíjate cuánta similitud existe, si tu papá no hubiese existido, tampoco existirían ustedes, (vos y tus hermanos), si tu mamá, no hubiese existido, tampoco hubiesen existido ustedes, de no existir ustedes, no tendrían hijos, de no tener hijos la vida se interrumpiría en tu familia y esto mismo ocurriría con todos los seres vivos, ahora, ¿te quedó más claro lo importante que somos todos los seres que habitamos este mundo?

- ¡Sííí!, me quedó muy claro ahora, y me alegra habértelo preguntado, porque tenía muchas dudas al respecto y lo bien que me lo has explicado, ¡gracias Río!, por tu paciencia.

- No me agradezcas, recuérdalo siempre, como verás, en este viaje todos hemos aprendido algo y nos servirá para protegernos los unos a los otros, ante cualquier peligro que se aproxime.

- Pero todo esto, de algún modo cambiará, cuando nos instalemos, ¿no es así?, comentó Don Pajarito, en diálogo con el Río, prestando mucha atención a la charla que mantenía el Río con Doña Comadreja hija.

- No entiendo el porqué, tendría que cambiar, contestó el Río.

- Cuando estemos instalados, tú te marcharás, ¡verdad!, le recordó Don Pajarito y nosotros nos quedaremos viviendo en el bosque.

- El Río le contesta, lo haré a menos que ustedes pidan que me marche, de lo contrario yo tenía pensado quedarme junto a ustedes.

- ¡Bravo!, gritó de alegría Don Halcón, al escuchar al Río, también se sumaron las palabras de festejo de todos los viajantes, que hasta allí llegaron.

Así tuvimos una nueva noche, limpia, clara, luminosa y tan contentos estábamos todos, que salieron a volar, Pajaritos, Palomas, Halcones, Búhos, Loros y fue una fiesta el ver cómo revoloteaban y acompañaban desde el aire nuestra marcha, hacia ese destino cada vez más cercano. Esa noche mientras viajábamos, recordaba dónde y cómo comenzó todo esto, en aquel bello bosque donde vivían muy felices todos estos animalitos, hasta la llegada del leñador, que al derribar estos árboles, cambió todo violentamente, posteriormente al hecho ocurrido con aquel cazador, muy fresco todavía en el recuerdo de todos, donde quedamos paralizados al oír el disparo de su escopeta, por suerte no hemos tenido que lamentar pérdidas en ningún caso. Ahora pienso no esperar otra situación parecida, sino tomar medidas de seguridad para evitarlo, pero cómo podríamos hacerlo, esto venía pensando durante todo el trayecto que llevamos del momento en que partimos, del primer bosque, me parecía buena idea que yo controlara todo aquel que intentara llegar por agua, pero cómo deberíamos actuar para detener a los intrusos que ingresaran por Tierra, lo pondremos a votación y seguramente de ahí, saldrá alguna solución para proteger el bosque que sea elegido. Mejor esperaré al amanecer, a que estén bien despiertos, mientras pensaba, e íbamos avanzando, descubrí un hermoso lugar, estaba ubicado en la curva de este Río viajero, árboles a ambos lados, me pareció que valía la pena recorrerlo y observar su seguridad, entonces detuve mi marcha y saber qué opinaban todos los amiguitos. Cuando despertaron y notaron que no avanzábamos, quedaron esperando a que realizara algún comentario en relación con mi detención y con voz fuerte pregunté, ¿están bien despiertos?

- ¡Síííí!, contestaron al unísono.

- Buenos días para todos, hemos llegado a un sitio, que parece, bonito y seguro, para verificar esto, hace falta que se investigue a fondo, antes de tomar una determinación, a ver los voluntarios que se ofrecen para recorrer este lugar.

- ¡Experiencia ya tenemos!, dijo Don Palomo, estirando sus alas, preparándolas para un largo vuelo.

- ¡Un momento!, pidió la palabra Don Conejo, me parece que llegó el momento, en que el reconocimiento al lugar, lo realicemos entre todos, los voladores por aire y nosotros por tierra, así buscamos los sitios en que construiremos nuestros hogares ¿están de acuerdo?

- ¡Muy bien!, contestó Don Búho, opino que los pequeñitos se queden aquí, sobre los árboles, al cuidado del Río, junto a quienes deseen quedarse.

- ¡Estoy de acuerdo!, opinó el Río, de paso busquen un buen sitio para poner de pie, a estos valientes árboles que los trajeron a todos ustedes hasta aquí, traten que sea cerca de mí, en mi lecho, para abastecerlos de la cantidad de agua que necesiten.

- ¡Perfecto!, dijo Don Ardilla, con mucha ansiedad invitó al resto de los voluntarios, a ponerse en marcha y partieron llenos de fe y esperanza, más unidos que nunca, creyendo que en este lugar, sí se quedarían definitivamente, construyendo sus hogares y criar a sus hijos en forma sana y segura.

- Así partieron, introduciéndose dentro del bosque, desde la orilla se notaba una exquisita fragancia, gracias a la gran variedad de flores, muy bonitas y de muchísimos colores, donde abundaban cantidad de Mariposas, Polillas y Abejas, (que, éstas últimas extrayendo el polen de las flores, elaboraban la riquísima miel), la miel, en las colmenas, atrae a los Osos. Ellos tendrán vital importancia en el futuro de este lugar, donde se huele aire de paz y magia, ¡sí!, la magia que nos brinda la ilusión y el encanto del lugar.

Mientras nuestros amiguitos, continuaban observando cada rincón del bosque, en un alto realizado para descansar y comentar lo visto.

- Don Halcón opinó, ¡aquí construiré mi lindo hogar!, (refiriéndose a su nido), señalando lo más alto de un frondoso Alerce.

- Don Loro, también encontró su sitio, pero sobre lo alto de un Helecho, recordemos que sus nidos son muy grandes y por ello necesitan mucho lugar.

- Retoma el comentario el Río, así fueron encontrando sus lugares dándolos como definitivos, algunos animalitos.(El caso de los Conejos con las Comadrejas), quedaron éstos tan amigos, que decidieron habitar la misma madriguera, por eso, que juntos salieron a recorrer el bosque, ¡era tan lindo! (comenta el Río), me puse a pensar, en cuanto a la promesa que les hice, en relación con quedarme definitivamente junto a ellos, lo difícil consistía en mantener el agua con suficiente oxígeno, para que los animalitos y plantitas que viven dentro mío, no murieran, sin darme cuenta lo pensé en voz alta y me han oído todos, los que estaban dentro, como fuera del agua.

- ¡Escucha Río!, dijo Doña Anguila, oímos tus pensamientos y no creas que es tan difícil encontrar una solución, a esto que llamas problema.

- ¡Así!, interrumpe el Río, ¿Dime cómo renovar el oxígeno si no estoy en movimiento?, no me irás a decir que con el oxígeno que pueden producir nuestras queridas plantitas acuáticas, abastecerían la necesidad de todos, incluyéndolas a ellas mismas, no olvidemos, que todas las plantas verdes, elaboran su alimento, a través de la fotosíntesis, donde al evaporar, con el calor de los rayos solares, el agua, que se encuentra en sus hojas, absorbida por los pelos absorbentes de sus raíces y conducirse por dentro de sus vasos leñosos, (cumpliendo la misma función que tus venas, me contó el Río), dejando en ellas sales y minerales, junto a una cadena carbonada, unida por la energía lumínica (Luz solar), ése es su alimento; junto a los vapores que desprenden, va nuestro oxígeno, pero las plantas en ese momento, inhalan dióxido de carbono y desprenden

oxígeno, durante el día, por las noches todas las plantas verdes, para vivir necesitan respirar, oxígeno, es decir, por las noches todos los seres vivos, inhalamos oxígeno y exhalamos dióxido de carbono, ¿Era esa tu solución, Doña Anguila?
- ¡No!, para nada, te esforzaste dándome una explicación, que ya conocía y ni te acercaste a lo que pensé, escucha.
- ¡Perdona!, me pareció interesante, recordar, cuales son los elementos que hacen a la vida, ¡Sí!, bien ahora dime, ¿Cuál es la solución?
- Si no dejas que te cuente, hablas tu solo, escucha y verás qué sencillo es, tú controlas el caudal del agua, por lo tanto, avanzas en un sentido hasta el comienzo de este bosque, si desean quedarse definitivamente en este lugar y luego vuelves al punto de partida, es decir hasta el otro extremo del bosque y así lo repites en forma permanente y constante, de este modo contribuyes con la vigilancia que te propones, permaneciendo junto a los animalitos en

este sitio, y a nosotros tampoco nos alteraría nuestras vidas ¿te gusta mi idea?

- ¡Excelente idea!, ¡excelente idea!, que buen pensamiento Doña Anguila, ¡síí!, me gusta, ¡muchas gracias!, qué regalo tan lindo me has hecho.

- No me agradezcas Río, el bien es para todos, respondió Doña Anguila, feliz por su aporte.

- Mientras buscábamos soluciones a los problemas que se nos presentaban, comenzaron a llegar nuestros amiguitos, el primero fue Don Ardilla, acompañado por muchas Ardillas más.

- ¡Hola!, tengo el gusto de presentarles a estos nuevos amiguitos.

- ¿Cómo los conociste?, preguntó Doña Ardilla, quien se quedó al cuidado de sus pequeñitos hijos.

- Al partir e introducirnos dentro del bosque, buscando dónde hacer nuestro hogar, no muy lejos de aquí, encontré un hermoso Nogal, muy alto y cargado de exquisitas nueces, me dije, justo lo que esperaba encontrar, vivienda y alimento, trepo al Nogal y descubro varias entradas al árbol, me introduje en la más amplia y luminosa, para sorpresa, me encontré con estos queridos amiguitos, también sorprendidos al verme, me di a conocer y les conté todo lo sucedido y cómo habíamos llegado a este bosque, también pretendíamos quedarnos de no existir dificultad alguna, me dijeron que esperara, así lo hice y volvieron más Ardillitas, para decirme que éramos muy bien recibidos, juntamente a mi familia, les di las gracias, los invité hasta el Río a conocernos a todos, y aquí estamos.

- ¡Bienvenidos!, dijo el Río, así me gusta todos debemos ser como una sola familia, cuántos más seamos y estemos unidos, mejor. Así, poco a poco iban llegando los otros integrantes de la expedición y cada uno contaba, su experiencia vivida, con animalitos de su misma especie y con otros que no lo eran, al fin y al cabo todos eran seres vivos, pero nadie comentaba, sobre el bosque que recorrieron, si era o no seguro, cuando pregunté, si nos quedábamos o seguíamos viaje.

- ¡Nosotros, sí nos quedaremos!, feliz, contestó afirmativamente Don Ardilla.

- Pensé en ese momento, cuenta el Río, que esa respuesta pudo haber sido producto de emoción y sentimiento al encontrarse con las otras Ardillas que nos visitaron, pero, afortunadamente no fue así, la mayoría, determinó tajantemente, ¡no nos vamos!, nos quedaremos definitivamente es este bosque, bien entonces si tienen resuelto el tema, les pido que colaboremos a levantar estos árboles y dejarlos descansar, para que se recuperen de este largo viaje, mientras se planifique una tarea de vigilancia permanente y evitar ser sorprendidos nuevamente, como ya ocurrió, por agua está resuelto, evitaremos que llegue alguien inesperado, desviándolo, llevándolo hacia otro sitio, ésa es mi tarea y me comprometo a ello, pero por tierra es el problema, todavía no resuelto y hay que encontrar la solución a la brevedad.

- Yo pienso, dijo Don Conejo, comiéndose una rica zanahoria, no será muy difícil, custodiar nuestras casas y a nuestras familias, vigilando en distintos turnos, así no será cansador para nadie.

- Pero Don Conejo, sin ofenderlo, interrumpió Don Halcón, ¿Le parece que podríamos vigilarlo y defenderlo?, recuerde cuando llegó el leñador y comenzó a talar los árboles, ¿lo tiene aun presente?, ¿verdad?, que hicimos a más de llorar y temer por nuestras familias, si no nos ayuda el Río, con su brillante y generosa idea en transportarnos a todos como lo hizo, ¿hubiese sido éste, nuestro futuro?, por eso creo, que tiene mucha importancia, buscar y encontrar una solución para vigilar y defender este bosque, en que decidimos quedarnos, por favor, Don Conejo, no se ofenda por mi interrupción.

- Al contrario, me parece que tomé algo tan serio, un poco a la ligera y sin medir el riesgo, contestó Don Conejo, soy yo quien se disculpa.

- Intervino Don Palomo, bien, ¿cómo y con qué nos defenderíamos ante un caso similar?, ¡ojalá, nunca ocurra nada igual!, pero es para pensar, ¡no! Río, tú dijiste por agua está todo controlado, ¿cómo harías sin detenerte, para evitar que mueran los seres que llevas dentro?

- ¡Ahí!, tomé intervención, dijo el Río, contando como había llegado a esa afirmación, gracias a la invalorable contribución de Doña Anguila, una vez que les conté el plan estuvieron de acuerdo y contentos (porque me quedaba y porque teníamos resuelto un problema que era controlar el acceso por agua). Se buscaron muchas formas de defensa, pero ninguna era la adecuada, hasta que intervino una Abejita, que pasó inadvertida, y dijo.

- Si me permiten opinar, hay alguien que podría solucionarles todos esos problemas que plantearon y estuve escuchando atentamente, además ellos me deben mucho, si ustedes quieren y me autorizan les hablo, también son muy buenos y agradables.

-Disculpa Doña Abejita, ¿podría decirnos de quién se trata? preguntó el Río.

- ¡Sí!, disculpen, dijo Doña Abejita, se trata de Don Oso y su familia, ellos podrían ahuyentar a todo morador extraño a este lugar, por seguridad para ellos mismos y también para todos ustedes.

- ¡Está bien!, pero dime, ¿Qué favores tan importantes puedan deberte, como para pedirles que nos ayuden a proteger y vigilar este bosque?

- Recuerden que nosotras, las Abejas, elaboramos miel y los Osos se vuelven locos por comerla, tanto es así, que sus visitas a nuestras colmenas (casas de las Abejas), son muy seguidas, no bien recibidos, pero estamos acostumbradas y nunca les hemos pedido nada, por eso me ofrezco voluntariamente, a proponerles este plan, si les parece bueno.

- Cierto que sí, dijo el Río, ¿Podrás hablar con ellos?

- ¡Hablaré!, insistió Doña Abejita, también le pediré que se llegue con su familia hasta aquí y así nos vamos conociendo todos los que habitamos este bosque.

- ¿Es eso necesario?, preguntó un tanto tembloroso Don Pajarito, ¿que nos vengan a ver?

- ¡No temas!, contestó Don Palomo, ¡invítelo nomás!, creo que no hay objeción, ¿verdad?

- Nadie se opuso, entonces partió Doña Abejita a cumplir con la misión que ella misma se impuso, cuenta el Río, en tanto esperábamos el retorno de Doña Abejita, surgieron comentarios al respecto, por ejemplo.

- Nosotros pensamos, opinó Don Búho (porque ya fue tratado en familia), realmente es muy importante que Don Oso esté de acuerdo con el plan de custodiar este lugar, porque no sólo nosotros necesitamos protección, ellos también, pienso, necesitan por más grandes y fuertes que parezcan, colaboración en la custodia de este extenso sitio.

- Yo también pienso de la misma forma que Don Búho, dijo Don Ardilla, de todas maneras, cualquiera sea la respuesta de la familia de los Osos, hay que estarle muy agradecidos a Doña Abejita, quien con este gesto, de ofrecerse a ir solita, a hablar por todos nosotros, demuestra su sincera amistad.

- ¡Sí!, es muy cierto, intervino el Río, pero diría que no saquemos conjeturas, hasta tanto, llegue Doña Abejita, en caso de que la acompañe Don Oso, seguramente tendremos su apoyo, pero mejor esperemos.

- En tanto la "heroína" (considerada así, por todos los animalitos), llegaba a la osera (casa de los Osos), al introducirse dentro de ella, (tan pequeñita, que no se percataron de su presencia), para llamar la atención de Don Oso, se aproximó a su nariz en señal de ataque, recién se dio cuenta Don Oso, de su presencia, quien inmediatamente se puso de pie, al tiempo que preguntaba, ¿qué está pasando aquí?

- ¡Nada!, solo vengo a conversar con usted, respondió Doña Abejita, por ser el jefe de su familia.

- ¡Está bien!, dijo Don Oso, puedes comenzar cuando lo desees, pero pensé que venías en son de guerra y me sorprendió tu gesto.

- ¡No!, lo hice para llamar su atención, bueno el tema que me trajo hasta aquí, es el siguiente; resulta que llegó hasta este sitio tan querido por nosotros, quienes lo habitamos y cuidamos mucho, toda clase de familias de animalitos y en gran número, flotando en el Río sobre varios árboles talados por un leñador, que no le importó el dolor que provocaba en los árboles, como tampoco el hecho de dejar sin casita a muchos animalitos que tenían construidas en ellos sus viviendas, tampoco pensó que donde caerían éstos árboles, iban a provocar destrucción sobre, madrigueras, hormigueros y aplastando a muy bellas flores, es decir destrozó todo el bosque, ¿sabe por qué?, simplemente por no recibir suficiente Sol en la vivienda que él mismo construyó.

- ¡Canalla!, ¡Cobarde!, murmuró masticando impotencia Don Oso, prosigue, prosigue, con tu relato.

- ¡Sí!, contestó Doña Abejita, queríamos pedir la colaboración suya y la de su familia, para acompañar un plan, elaborado por los amiguitos recién llegados, en custodiar este sitio, para no ser sorprendidos por ningún forastero y podamos disfrutar este hermoso bosque y vivir en él siempre con felicidad, ¿nos ayudarán?

- Déjame que te cuente, mientras tú relatabas esos hechos tan horribles, que habían vivido todos estos animalitos, yo iba pensando, de qué modo podría ayudarlos a todos y así nunca más ocurriría nada parecido, pero con mucho gusto comprometo a mi familia y también yo, ante una idea de esta naturaleza.

- ¡Gracias!, contestó Doña Abejita, (emocionada y tranquila por la respuesta recibida), ¿Acepta la invitación de venir con su familia hasta el Río, así le presento a todos estos amiguitos?

- ¡Claro!, contestó gentilmente Don Oso, sólo te pido que te adelantes, mientras yo reúno a mi familia y les explico la conversación mantenida contigo y te alcanzamos en el Río.

- ¡Perfecto!, contestó Doña Abejita, entonces hasta luego y muchas gracias por su amabilidad y distinción.

- ¡Es un placer!, contestó Don Oso y se retiró a cumplir con su palabra empeñada.

- Nuestra amiguita, emprendió el viaje de regreso al Río, muy contenta y despreocupada, muy distinto al viaje de ida, donde iba pensando cómo le diría a Don Oso, la propuesta que tenía encomendada cuando se alejó del Río, en qué tono de voz se lo diría, si se enojaría, si colaboraría o no, en fin un montón de interrogantes, que fueron disipados sin inconvenientes y muy gentilmente de parte de Don Oso y su compromiso contraído, llegó junto al Río, sin darse cuenta de la distancia recorrida. Notó un recibimiento apagado, frío, sin la alegría que ella esperaba, pero Doña Abejita, no conocía las palabras que el Río, dijo a los animalitos, "sí vuelve la Abejita acompañada por Don Oso, casi con seguridad, contaríamos con su ayuda", pero, volvió sola.

- Don Palomo rompe el hielo, diciendo, ¿qué pasó con Don Oso y su familia Doña Abejita?

- Fue como les dije, le expliqué lo sucedido y el motivo por el que están ustedes aquí, a medida que iba contando lo sucedido, con aquel leñador, le cayó tan mal, que no sólo él se comprometió, sino también comprometió a toda su familia.

- Pero no te acompañaron a conocernos, dijo Doña Coneja.

- ¡No!, no vinieron conmigo, porque Don Oso me pidió que me adelantara, mientras él reunía a su familia y les explicaba nuestra conversación, después vendrían gustosos a conocerlos. ¡Mucho no han de tardar!, eso sí, les pido que no demuestren temor, porque sufrirían mucho, aun cuando los vean grandotes, comprobarán que son muy buenos, de sentimientos muy débiles y nobles.

- ¡Ahí, vienen!, interrumpe Don Ardilla, muy excitado, al tiempo que muy nervioso, desde lo alto de un árbol, claro, nunca antes había visto un Oso, en el bosque que habitaban anteriormente, no vivían Osos, ¡ahí vienen!, repitió nuevamente, ¡son enormes y están envueltos en pelos!, ¿son los Osos?

- ¡Sí!, son ellos, afirmaba Doña Abejita muy contenta por haber cumplido con lo prometido de parte de Don Oso, el pelo es su abrigo natural, nacieron con él, gracias a sus pelos, son muy buscados por los cazadores, son capaces de matarlos a todos con tal de quedarse con sus pelajes ¿Vieron lo sucedido a los árboles en el bosque donde vivían anteriormente?, aquel leñador derribó los árboles para que el Sol lo calentara e iluminara, sin contemplar el daño que provocaba a la Naturaleza, en definitiva, A ÉL MISMO, aquí sucedería algo similar con los Osos, los cazadores exterminarían definitivamente a todos ellos, y así obtendrían sus abrigos, o sus pieles para negociarlas, advirtió Doña Abejita, por eso tenemos que explicarles cómo sería la custodia del lugar, para sumar a toda esta familia al plan, ¿les parece bien?,

- ¡Por supuesto!, respondió el Río, ¡así debe ser!, si recordamos que por un instante malo vivido, cuando derribaron a nuestros árboles, partimos de allí, temerosos e inseguros, buscando un definitivo sitio donde fijaríamos nuevamente nuestros hogares y junto a ellos nuestras ilusiones; volvimos a desalentarnos una vez más en el bosque anterior, donde se encontraba aquel cazador que nos regaló un buen susto. Todo esto sirvió para arribar a este hermoso lugar, que a más de regalarnos tanta belleza y paz sumemos ahora el amor, que estos amiguitos nos brindan en forma desinteresada, en todo este breve tiempo, es decir, desde que llegamos a este sitio. Ahora recibamos con mucho cariño a la familia Oso, también se lo merecen, por tomarse la molestia de llegarse hasta aquí, para conocernos y darnos la bienvenida.

- ¿Cómo no recibirlos bien?, son tan simpáticos y tiernos, dijo Doña Abejita y aprovechó a presentar la familia Oso, en su totalidad.

- Es un gusto, estar entre todos ustedes, saludó Don Oso, sé que han encontrado una interesante idea, para quedarse y también en custodiar nuestro querido bosque, imaginen ustedes lo bien que nos cayó esa brillante propuesta que nos trajo Doña Abejita a toda mi familia, por supuesto, también a mí, que hemos llegado hasta ustedes muy confiados y felices, que estamos dispuestos a colaborar junto a ustedes, en donde lo requieran y desde ahora estamos a sus órdenes.

- ¡Muchas gracias!, contestó el Río, esa comprensión por parte de todos ustedes, alientan más esta ilusión de quedarnos, pero, aun no está todo pensado, faltan retoques a un plan que se le ocurrió, a Doña Anguila, quien habita junto a sus familiares dentro mío, con otros seres de distintas especies.

- ¡Dime!, pregunta Doña Osa, ¿cómo encontraron este bosque?, o tú Río, lo conocías de algunos de tus tantas recorridas anteriores.

- ¡No!, responde el Río, es decir, lo conocía, pero en el momento de tomar la determinación de marcharnos, no lo tuve presente, cualquier lugar sería mejor al que estábamos, además todos los lugares por los que transito son bellos y nunca había vivido una experiencia semejante, en este momento mucho hemos andado, recorrimos lugares muy bonitos, pero algunos denotaban falta de seguridad, así fue que continuaba nuestra marcha a la deriva, sin rumbo fijo, en cuanto al destino, no así, a lo que queríamos, ¡seguridad y belleza!, en éste lugar encontramos el equilibrio de combinarlo todo, junto al aporte valiosísimo de ustedes, mi promesa fue de llevarlos hasta un lugar donde se combinara lo mágico y lo bello, acá se cumple y está todo lo prometido, por eso no quiero ninguna sorpresa para nuestros amiguitos, mientras lo podamos evitar, y ahí surgió la idea de vigilar en forma permanente este bosque, con la colaboración de todos sus habitantes, es decir, los que ya vivían antes de nuestro arribo, sumados todos los recién llegados, por el bien y la seguridad de toda esta comunidad.

- ¡Muy bien!, opinó Don Pajarito, había pensado, sin que mi idea sea tomada como una imposición, claro, contando con el aporte de la familia Oso, en que vigilaran todo el sector donde habitan actualmente y extenderlo hasta el lecho del Río, recordemos que la familia Oso, tiene sus viviendas en las zonas rocosas, es decir, los lugares más apartados del bosque, por mi parte, y colaborando con la vigilancia, construiría mi nido, en lo alto de cualquier árbol, que esté a medio camino entre el Río y el límite del bosque, así estaría en la mitad del territorio que vigilarían los Osos, sumando al resto de nuestros amiguitos, donde seríamos divididos los voladores y los que no vuelan, para cubrir del otro lado del Río, que también es muy extenso y es ahí precisamente donde sería mayor la atención y el esfuerzo por vigilarlo.

- ¡Fantástico!, expresó Don Búho, podríamos instalarnos nosotros, contando mi familia y yo, en lo alto de algún árbol en el perímetro del bosque, de este lado, es decir, donde nos sumaríamos a la familia Oso, y del otro lado del Río, sería igual, porque hay que tener presente que el Río atraviesa el bosque por el medio, visto de este modo, tenemos dos bosques que cuidar, uno a cada lado del Río y tengan presente, que mi vigilancia será en las horas en que todos duermen, pero cuando amanezca, nosotros dormiremos y ustedes vigilarían.

- Podríamos construir nuestros hormigueros, en las afueras del bosque, más allá del lugar en que viven los Osos y daríamos nuestra voz de alerta, si llegara algún extraño al lugar, comentó Doña Hormiguita.

- ¡Muy bien!, tomó la palabra Don Halcón, diciendo que habitaría en el árbol más alto junto a su familia y con la ayuda de su buena vista, observaría a Don Hormiguita si éste hiciera señas, por la proximidad del arribo de algún sospechoso, leñador o cazador, despúes sobrevolaría el bosque y desde lo alto alertaría a todos ustedes, así prepararíamos la defensa a nuestro mundo, que tengamos decidido emplear.

- ¡Eso es!, exclamó lleno de felicidad el Río, "Nuestro Mundo", al fin entendimos lo que este bosque representa para todos nosotros, y ¡qué lindo suena!, "NUESTRO MUNDO"

- ¡Cierto!, manifestó Don Conejo, sumándose a colaborar con su familia, podríamos hacer junto a la familia Comadreja nuestras madrigueras en las afueras del bosque y gracias a nuestras galerías subterráneas, trasladarnos rápidamente y sin ser vistos, sería una ventaja importante, creo, inclusive por debajo mismo de algún cazador, sin que el mismo se diera cuenta para no tener que arriesgarse ningún amiguito volador y la noticia, también llegaría en forma rápida, al resto de los habitantes del bosque, o emplear ambos métodos de custodia.

- ¡Bárbaro!, por mi parte, dijo Don Comadreja, pero estimo, si no se ofende

Don Conejo y familia, que sería más importante construir nuestras casas de forma separada, es decir, Don Conejo y familia de un lado del Río y nosotros del lado opuesto, así tendríamos un control total de la situación, por supuesto que nos vamos a seguir viendo.

- ¡Brillante sugerencia!, rápidamente tomó la palabra Don Conejo, a modo de respuesta y un tanto eufórico a la exposición realizada de Don Comadreja, ¡Excelente!, ¡excelente!, por nuestra parte, sumando a mi familia, apoyamos esa moción.

- Hay un pequeño problema, comenzó diciendo Don Oso (ante un profundo e inquietante silencio de todos los animalitos presentes), es el siguiente; muchos de ustedes, no conocen nuestras costumbres y es que nosotros dormimos todo el Invierno, despertamos con la llegada de la Primavera, en ese período el bosque quedaría sin la protección de la familia Oso, es mucho tiempo y sería peligroso dejarlo sin vigilancia, pero..., a no ser que mis queridos amigos estén de acuerdo en ayudarnos, son un tanto ermitaños, pero muy buenos y nobles, a lo mejor ya los vieron, ¿saben de quien hablo?

- ¡No!, contestó Don Loro, ante un silencio general.

- Se trata de mis amigos, los Jabalíes, retoma la palabra Don Oso, con ellos estaríamos seguros, son grandes y fuertes, sería realmente muy importante su colaboración, contándoles el plan, quizá acepten, porque a ellos también, como a nosotros, los Osos, los cazadores los buscan mucho por la carne y el cuero.

- Pero..., interrumpe Doña Ardillita hija, ¿qué es un Jabalí?, nunca vi uno, ¿quién podría describirlo?

- ¡Yo lo haré!, dijo Don Oso, los Jabalíes, más conocidos, con el mote de "chanchos salvajes", y es debido, al fuerte olor que los persigue de forma permanente, tratan de disimular ese olor desagradable, por lo fuerte, para muchos de nosotros, bañándose con barro, cuando éste barro seca, forma una capa gruesa de tierra sobre su cuerpo, de ese modo, evita que algún parásito penetre en su piel, pero el olor no se les quita, por eso los bautizaron "chanchos salvajes", chanchos por el olor, pensando que huelen así por no bañarse y como ese apodo no les agrada, responden de forma agresiva cuando alguien se dirige a ellos de esa forma, de ahí el apodo "salvajes", por ese motivo viven solos y apartados del resto porque piensan que nadie los quiere, ¿comprendiste qué y cómo es un Jabalí y cómo sufre cuando lo tratan de chancho salvaje?

- ¡Sí!, muchas gracias Don Oso, le respondió Doña Ardillita hija, pero me apena la situación que viven todos ellos, nosotros los recibiremos como se lo merecen, con amor y respeto, si son buenos y amables, creo que es más importante como es uno por dentro, que su aspecto exterior, ¡tengo muchos deseos de conocerlos!, ¿cuándo vendrán?

- No lo sé aun, contestó Don Oso, hoy mismo iré a conversar con ellos, pero les adelanto que no será nada fácil conseguir su colaboración, en caso que aceptaran, los invitaré a que se aproximen hasta aquí, como hicimos nosotros y los presentaré ante ustedes.

- Desde ya, quedamos muy agradecidos por haberse llegado hasta aquí a conocernos, tomó la palabra el Río, como también estar de acuerdo, con la idea de proteger este bosque, junto al apoyo de todos ustedes, en caso que los Jabalíes no estén de acuerdo, con este plan que hemos trazado, déjeles de nuestra parte muchos saludos y dígales también, que nos gustaría conocerlos, aun, cuando estén en desacuerdo, ¡mucho éxito!, espero que esa reunión sea positiva, ¡suerte Don Oso!, recuerde que estaremos esperándolo con mucha ansiedad.

- ¡Lo recordaré!, respondió Don Oso y se alejó con toda su familia, en rumbos diferentes, muy feliz de haber conocido a tantos amiguitos. Al aproximarse al sitio habitado por los Jabalíes, Don Oso es agredido por algunos pequeños Jabalíes, (no atacado, agredido), un gesto natural para espantar a los intrusos, pero Don Oso, seguía firme en su sitio, hasta que los pequeños se cansaron de dar vueltas y lo rodearon.

- ¡Está bien!, ¡suficiente!, ordenó Don Jabalí y los pequeños se retiraron del lugar inmediatamente para dejar conversar a los grandes a solas. ¿Qué raro usted por aquí?, le preguntó a Don Oso.

- Es cierto, estando tan cerca, no nos vemos, muy a menudo que digamos, respondió Don Oso.

- Pero su visita trae un motivo, ¿verdad?, preguntó Don Jabalí.

- Así es, contestó Don Oso, vea, el comienzo de esta historia nos hace sentir muy importantes, tanto es así, que a lo mejor no se dio cuenta, que han llegado nuevos vecinos a este bosque y son muchos.

- ¡Claro que los vi!, por eso a mis chicos les dije que no dejaran llegar a nadie hasta nosotros, y, ¿vio cómo obedecían?, porque primero hay que saber cómo son y cuáles fueron los motivos que los empujaron en arribar a este lugar, buenos, somos todos, pero no basta, sólo serlo, sino hay que demostrarlo, ¿no le parece?

- Tiene usted mucha razón, respondió Don Oso, precisamente mi visita se debe a eso, a invitarlo a conocerlos a todos los animalitos que llegaron y están junto al Río, a usted y a toda su familia.

- ¡No!, ¡No, señor!, respondió Don Jabalí rápidamente, nosotros estamos muy bien solos, no precisamos convivir con nadie más, ¿para qué?, comenzar otra vez con los desprecios, ¡esos chanchos qué mal huelen!, o, ¡qué ordinarios son!, en fin, todos esos adjetivos tan odiosos que conocemos muy bien, desgraciadamente para nosotros.

- ¡Pero no!, no es así Don Jabalí, asegura Don Oso, esta vez es distinto, ¡créame, por favor!, a eso vine, no a convencerlo, simplemente a ver si les da una oportunidad, vea, cuando vinieron a verme (en realidad vino sólo Doña Abejita), llegué a pensar como usted ahora, pero me dije, qué pierdo con escuchar, total para decir no, siempre hay tiempo, y créame Don Jabalí, tanto mi familia como yo, estamos muy felices de haber ido y haber conocido a estos amiguitos, tanto, que me ofrecí para venir y hablar con todos ustedes.

- Pero vea que es porfiado, Don Oso, nosotros vimos la llegada de todos estos animalitos, como usted bien sabe, estábamos comiendo raíces y pasto a orillas del Río, cuando escuchamos un gran murmullo, rápidamente, nos ocultamos entre las altas hierbas, para ver y oír mejor, cuando observamos, los integrantes de mi familia y yo, árboles flotando sobre el Río, de todo tipo de animalitos sobre ellos, lo primero que se me ocurrió pensar, están buscando un lugar para quedarse, no me pareció mal, pero mis hijos pensaron y me hicieron pensar, que detrás de ellos, seguro venían cazadores, en su persecución, bien sabe usted, el temor que les tenemos, al igual que ustedes y muchos más, por dañinos y asesinos, entonces me dije; los chicos tienen razón, si están buscando un nuevo lugar el motivo pudo ser la persecución de un cazador, un incendio, no estaban preparados y se les quemó el bosque, por falta de alimento, pudo haberse agotado la provisión y debieron buscar más, en fin, pudo haber sido otro, el motivo de la partida del lugar en que vivían, pero al fin y al cabo qué nos importa a nosotros sus problemas, si cuando nosotros los tenemos nadie se lamenta, así, vimos en familia, el arribo de todos esos animalitos, ¿conoce usted la historia de este arribo múltiple y misterioso?

- ¡Sí, Don Jabalí!, afirmó Don Oso, el motivo fue en parte como usted dijo, fueron corridos de su sitio, pero por ningún motivo que señaló, fue un leñador.

- ¡Por un leñador!, dijo asombrado Don Jabalí, haber explíqueme. ¿Cómo es eso?

- Tiene que ver en las condiciones que llegaron esos pobres árboles, cortados con un hacha, muy deteriorados, ¡yo los vi!, afirmaba Don Oso, provocó mucho temor, a toda esta colonia de recién llegados, al tiempo, que con la caída de los árboles provocaba la destrucción de muchos nidos, cuevas, madrigueras, hormigueros, plantas pequeñas y flores, por nombrar en parte algunos de los daños, fue así, que al observar esto, que le estoy contando, el Río, que por allí pasaba, ¡se detuvo!, para observar lo que allí sucedía y prestar su colaboración.

- ¡Vamos!, ¡vamos!, ¿se detuvo el Río?, hasta ahora venía creyéndole, pero..., ¡se detuvo el Río!

- ¡Es verdad!, interrumpe Don Oso, ni el propio Río conoce el motivo a ese misterio, que en este momento cuesta creer, lo cierto es, que vio tan desesperado a los animalitos, que los invitó a viajar sobre los árboles, y éstos sobre el Río, hasta un sitio prometido que ni el Río sabía dónde quedaba, así es parte de esta historia, del arribo a este bosque, a raíz de lo sucedido, trazaron un plan de vigilancia entre todos, y evitar la llegada por sorpresa de algún cazador o leñador y poner en peligro la vida de todos nosotros, mi familia y yo, estuvimos de acuerdo, me pareció brillante la idea de estar alertas y no ser sorprendidos ni aun cuando dormimos.

- A nosotros no nos interesa, respondió Don Jabalí, si quieren hacerlo, no me va a molestar en tanto, no invadan mi territorio, es todo Don Oso, agradezco su visita y las veces que quiera venir será bien recibido.

- ¿qué le parece mal, de esta idea?, preguntó un tanto extrañado Don Oso.

- Vea, estoy cansado de que acudan a nosotros, por qué somos los más fuertes y grandes, cada vez que hay un trabajo que realizar acuden, después se olvidan de uno y dejamos de existir hasta otra oportunidad como ésta, además, nosotros vigilamos para que el resto pueda comer, dormir tranquilos, cómodos y seguros.

- ¡Un momento!, interrumpió Don Loro (quién llegó para sorpresa de Don Oso), no esperamos que ustedes nos cuiden, ¿o acaso ustedes pueden vivir sin dormir?, todos nosotros cumpliremos con una tarea específica, desde la Hormiguita hasta los Osos, todos estaremos ubicados en lugares estratégicos, pero contábamos con su inteligencia más que su fuerza, para colaborar en la custodia del lugar que todos habitamos, cuando los Osos duerman, que es más fácil sorprenderlos, por el largo tiempo de sus sueños, pero además quiero que sepa, Don Jabalí, ninguno de nosotros pensó hacerlos a un lado, ni por el olor, por cierto, que es muy fuerte, no es molesto, pero hay actitudes que molestan más, que el olor, pensábamos en tener al menos una oportunidad para conocernos, al tiempo conocerlos también a ustedes, pero veo que tanto usted como su familia, se creen seres superiores, sin darse cuenta de que todos somos necesarios para mantenernos vivos. Dio media vuelta y Don Loro se fue muy ofendido, ni hablar cómo quedó Don Jabalí, después de haber sido tratado de torpe, cómodo e ignorante por Don Loro, debido a ese repertorio cargado de impotencia vertido hacia Don Jabalí, dejó atónito a Don Oso, ante la aparición sorpresiva de Don Loro. Después de un tiempo que duró la sorpresa, debido al impacto recibido por esas palabras, Don Jabalí reaccionó y dijo.

- ¿Y a éste, quién lo invitó?, reanudó la conversación Don Jabalí, se marchó sin dejarme decir ni una palabra, me trató de lo peor, en algunas opiniones me hicieron pensar, cuando dijo, "buscábamos más su inteligencia que su fuerza", eso es importante, también cuando dijo, "hay actitudes que molestan más que el olor", o también, cuando expresó, "se creen seres superiores sin darse cuenta de que todos somos necesarios para mantenernos vivos", me ofendió, me humilló, pero me cayó muy simpático por su valentía y honestidad, la verdad, me hizo recapacitar sobre mi decisión, en este momento mi respuesta es, ¡sí!, vamos a colaborar con todos ustedes en la vigilancia del bosque. ¡Vamos Don Oso!, que a ese pajarraco emplumado, tengo que agradecerle la forma en que me contestó, ¡linda lección me dio! Y ante la sorpresa de Don Oso, quien no entendía nada, de lo ocurrido, él estuvo tanto tiempo para ver si lo convencía y cuando todo estaba decididamente perdido, Don Loro, con dos palabras, hizo que Don Jabalí cambiara de opinión referente a la propuesta que traía. Rápidamente se pusieron en marcha.

Don loro, llegó antes al Río, lleno de rabia y mascullando, menos mal que Don Oso dijo, que eran muy amables y corteses, pero, Don Jabalí es arrogante y vanidoso, cuando le hizo la propuesta para que participaran, le respondió a Don Oso, "no me interesa su propuesta, no cuenten con nosotros", o algo parecido, tampoco le interesaba conocernos y que no se nos ocurra llegar hasta su territorio.

- ¡Espera!, lo interrumpe el Río, hablas tan rápido, que no llegamos a comprenderte, no le interesó la propuesta o quedó en responder.

- No le interesó nada, respondió Don Loro, un tanto más tranquilo, ni la vigilancia, ni venir a conocernos.

- ¡Esperen!, a lo lejos se aproxima Don Oso, con alguien más, a toda carrera, alerta Don Halcón.

- Pregunta Don Loro, ¿tiene muchos pelos y colmillos grandes a los lados de su hocico?

- ¡Sí!, le confirma Don Halcón.

- Ese es Don Jabalí, dijo Don Loro, mejor me voy arriba de aquel árbol, cualquier cosa ustedes no me vieron, no saben nada de mí, para aquí no volví.

- ¡Espera!, ¿que pasó? pregunta intranquila Doña Ardillita.

- Seguro que se enojó, cuando le hablé a Don Jabalí, respondió Don Loro, un tanto preocupado y voló hasta lo más alto del árbol.

Don Oso se adelantó, pensando, que la llegada de Don Loro, había preocupado al resto de los animalitos, que esperaban ilusionados las buenas noticias, pero al verlo tan ofuscado y alterado, nunca imaginarían lo ocurrido, menos aun la respuesta final, por eso preguntó al estar junto al Río.

- ¿Dónde está Don Loro?, fueron las primeras palabras que pronunció Don Oso.

- ¿Qué pasó en la reunión con Don Jabalí y su familia?, preguntó el Río, haciendo ver, que Don Loro no había vuelto, como él mismo pidió.

- Don Oso insistió, ¿dónde está Don Loro?, ¡Díganme, por favor!

Nadie contestó, porque Don Loro les pidió que nadie dijera donde lo encontrarían, para colmo, pensaron que se había mandado una de las suyas y querían darle una paliza, por eso a modo de protección, nadie contestó, el silencio no fue muy largo y Don Jabalí hacía su arribo, Don Oso hace de anfitrión presentando a Don Jabalí, a todos los animalitos allí presentes y luego comenzó a contar su entrevista, tratando de convencerlo con la idea de la vigilancia del bosque, pero Don Jabalí, no estaba para nada de acuerdo y su respuesta, ante mi insistencia fue siempre, ¡no!, hasta que hizo su aparición Don Loro, nadie lo había invitado a la reunión, pero allí estaba y se despachó con un terrible discurso, luego se retiró muy enojado, ni siquiera se despidió, fue así, ¿verdad?, Don Jabalí.

- ¡Así fue Don Oso!, pero antes, quisiera decirles, el motivo principal, de mi llegada junto a ustedes, primero, hablar con Don Loro, por las cosas que me dijo, cuando partió de mi territorio pensé que vendría para aquí, por eso le pedí a Don Oso que me acompañara.

En tanto Don Loro, escondido detrás de una gruesa rama, seguía atentamente las palabras de Don Jabalí, pero el muy cobarde no se animaba a decir que estaba ahí, sobre el árbol creyendo que iban a pegarle, pero no se aguantó y dijo.

- Muchas gracias por no decir donde estaba, pero en algún momento tenía que presentarme, bueno, aquí estoy, habló con voz firme y segura.

- Vine a conversar contigo, dijo Don Jabalí, ¿recuerdas bien las palabras y el tono en que me las dijiste?

- ¡Sí!, respondió Don Loro, estaba muy enojado, tengo que disculparme con usted, por el modo, en que le dije todas esas palabras, ¡pero óigame bien!, sólo el modo en que se lo dije y no lo que le dije, porque sin estar enojado, le diría exactamente las mismas palabras.

- ¡Muy bien!, remarcó Don Jabalí, así me gusta, que equivocado o no, sostenga lo que dijo.

Sin entender Don Loro, qué estaba sucediendo, pensó, le grité, lo ofendí, lo humillé y encima me felicita, me parece que está buscando convencerme a que baje del árbol y agarrarme, mejor me quedo acá, que estoy cómodo y seguro.

- Don Oso tomó la palabra y lo invitaba a descender del árbol, pero no había forma de convencerlo, a que bajara de lo alto.

- Escuche bien Don Loro, vio que felicité la forma en que sostuvo su posición, después de la charla, bien, quiero que sepa; mi negativa era cierta, antes que usted llegara, pero sucedió algo dentro de mí, cuando se marchó, Don Oso, aquí presente, no dejará que mienta, fue durísimo todo lo que me dijo, sí es cierto, pero también fueron palabras cargadas de sentimientos y muy profundas, tanto que hicieron, no sólo llegarme hasta aquí, sino hasta cambiar mi postura porque ahora, digo, ¡sí!, vamos a colaborar mi familia y yo, en la vigilancia de este lugar, tan importante es para nosotros y esto es gracias a usted Don Loro, porque seguía pensando de forma negativa.

- Créame, Don Jabalí, su posición me descoloca, ¿no se enojó ni un poquito?, contestó Don Loro.

- Al principio, sí, me enfurecí muchísimo, pero luego, a medida que analizaba las palabras que me había dicho, fui calmándome lentamente, pero, ¡baje del árbol!, o me tiene miedo, le pidió Don Jabalí.

- Miedo no, pero sí avergonzado, contestó Don Loro.

- ¡Ven!, ¡vamos!, le pidió Don Palomo y junto a Don Búho, descendieron del árbol, hasta estar bien cerca por primera vez y frente a frente, Don Loro y Don Jabalí.

- ¡Hola!, lo saluda Don Jabalí.

- Antes de que comiencen con su diálogo, interrumpe el Río, quiero agradecerle a Don Oso, por la molestia que le ocasionó nuestra llegada, así y todo ofrecer su colaboración, ahora espero, que ustedes puedan hablar libremente, en armonía y salvar diferencias.

- ¡Gracias!, contestó Don Jabalí, estas palabras mías para nada serán agresivas, al contrario, me siento mejor y más feliz que nunca, al fin nos han incluido en planes, donde podamos estar todos juntos y no como muchas veces ocurrió, que mi familia y yo, debíamos observar las reuniones sociales, entre todos los animalitos, desde lejos, ¿por qué?, por oler feo, (dicen algunos), ahora pensé, que sería igual a otras veces, por eso mi negativa en colaborar con ustedes y de esa forma, evitarles, otra tristeza grande a mis familiares por un supuesto desprecio posterior; cambiando de tema, Don Oso me contó, que han trazado, un importante plan para defender éste, nuestro querido bosque, el hogar de todos nosotros, por supuesto, sumándolos desde ahora a ustedes también, repito, de nuestra parte, no tendrán inconveniente alguno, por ir a vigilar el lugar, que tienen descubierto, les doy una idea, desde nuestros dominios se observa todo el valle, hasta las zonas rocosas, por ser el lugar un tanto elevado, allí detrás del bosque, de ambos lados al Río, podría cubrirlo con mis hijos y hermanos, si la idea les parece buena, lo damos por hecho, y si les parece mejor algún otro plan, que ya tuvieran trazado antes de mi llegada, por favor, me indican el lugar que tomaríamos, o si continuamos buscando sugerencias entre todos, no habrá inconveniente, estamos a sus órdenes, mi familia y yo.

- La idea es buena, toda voluntad de colaboración, siempre es buena, ocurre, que no contábamos seguro, con el aporte de usted y su familia, y no se destinó ningún lugar en especial a cubrir por parte de todos ustedes, me refiero a usted y su familia, explicó Don Loro, pero la idea, como la describió Don Jabalí, me gusta, ¿qué opina el resto?

- ¡A mí también, me agrada!, dio su parecer Don Búho.

- ¡Cuenten con mi aprobación!, respondió Don Conejo, me parece excelente.

- Así fueron sumándose votos favorables, en la idea de mantener el bosque, permanentemente custodiado y evitar sorpresas inoportunas y desgraciadas, ¡todo está bajo control!, exclamó el Río, muy feliz, por los acontecimientos vividos últimamente, esta noche, antes de dormirnos, si les parece bien, podríamos reunirnos todos y festejar con una gran algarabía, por el acuerdo conseguido, recordemos, que hemos reunido a todos los defensores para el bosque, para cuidarlo y defenderlo con la vida, si fuera necesario, espero que esta unión sea duradera y no efímera, por el bien de todos, en mí encontrarán el agua que les haga falta, para calmar su sed, o para refrescarse cuando sientan mucho calor, quiero repetir una vez más, la toma de responsabilidad, en vigilar con dedicación y seriedad, no confiarse, creyendo que el vecino verá, si llegara cualquier intruso, porque el vecino, confiado, pensará igual, es decir, nadie vigilará y sería muy grave y triste, recuerden que en este sitio, elegido por todos ustedes, nacerán sus hijos y los hijos de sus hijos, sólo de ese modo seguirá siendo, después de mucho tiempo, ¡UN PARAÍSO!, cómo el instante mismo, en que lo descubrimos, con estas palabras, quiero darles la tranquilidad y seguridad que les prometí, en trasladarlos hasta un sitio seguro y bello, junto a la colaboración de vigilancia del lugar y sobre mis aguas, no llegará nadie que no queramos, además de quedarme junto a todos ustedes para siempre, quiero darles las gracias a todos por su cooperación y buena predisposición para la convivencia.

- ¡Muy lindas palabras!, dijo emocionado Don Palomo.

- Me hace muy feliz, estar con todos ustedes, manifestó Doña Comadreja.

- Estoy muy contenta con la llegada de ustedes y haberlos conocido, opinó Doña Abejita.

- Interrumpió Don Oso, mi especial agradecimiento, es para toda la familia Jabalí, me consta, lo difícil que fue su decisión por el temor a ese gran complejo, creado en otras oportunidades, de apartarlos por el olor tan fuerte de sus cuerpos, así, los dotó la Naturaleza y ella, sí, sabe, como y por qué, nos formó de esta manera, también mi agradecimiento a Doña Abejita, al invitarme, junto a mi familia, a formar parte de este grupo, ahora tan fuerte y unido, en fin, a todos en general, por el respeto a nosotros mismos y en especial a la "VIDA", cuidemos la unión de este grupo, como al bosque, que es nuestro, mundo, y significa lo mismo, al decir nuestro hogar.

- El Río me preguntó, ¿has observado lo lindo que es este bosque y lo bien cuidado que está?, él fue uno de los motivos que causaron, tu traslado en el sueño, hasta este sitio tan bonito y tranquilo.

- ¡Sí!, le contesté, pero desconociendo, donde me llevaba su pregunta.

- Bueno, ahora trata al volver a tu cama, continuar con el sueño en forma normal y cuando despiertes, dentro tuyo, tendrás un pensamiento dirigido hacia todos nosotros, específicamente, a la belleza que guarda este lugar y que has visitado, pretendemos que perdure en vos, este recuerdo, así estaremos seguros que nos ayudarás, contándoles este cuentito a todos los niños y grandes con corazón de niño, estamos seguros que dentro de los niños, estará a salvo, recordarán siempre el cuentito y lo relacionarán con la vida, toda, vegetal y animal aun cuando creas exagerado lo que te digo, estarán cuidando, junto al planeta

Tierra, sus propias vidas. Este mensaje, apunta justamente, ¡ahí!, ¿comprendiste ahora el porqué del misterio, en este sueño, y a tú extraño viaje?

- Ahora lo tengo más claro, pero, ¿cuando podré regresar a este sitio?

- Las veces que tú quieras, me contestó el Río, con sólo pensar en este bosque antes de dormirte, volverás a verlo y estarás entre nosotros, como ahora.

- ¡No!, en sueños, ¡no!, quiero llegar despierto y observar nuevamente este lugar, pero, ¿cómo hago?

- Quizá llegues hasta este bosque, será un sitio muy bonito, pero nada más, no podrás ver a la mayoría de nosotros y no hablarás conmigo, verás un lugar apagado y triste, me respondió el Río.

- ¿Por qué?, le pregunté, un tanto extrañado por la respuesta, si me pides, que les cuente a todos los niños de este hermoso lugar, lleno de vida, a modo de cuento para que protejan, ¡AAAAAHH!, no sólo cuidarían los bosques, también plazas, parques, jardines y todo lugar que tenga plantas y toda clase de vida, animal o vegetal, estaremos viviendo en un hermoso sitio, como este, cuidando la "VIDA", nuestras vidas y las que vendrán posteriormente, con el nacimiento de nuestros hijos, nietos, etcétera, cuidando el planeta Tierra para todos y no pensar con egoísmo, "total, si ese futuro lejano no lo veré", ¡qué hermoso si pensáramos todos un instante así!

- Ése es el motivo de este cuento, me contestó el Río, no es fácil apuntar a un objetivo y alcanzarlo, tú, lo alcanzaste, porque eres inteligente y todo aquel, que lea o escuche este cuento, e interprete lo mismo que tú, también será inteligente, porque los torpes, egoístas e ignorantes, serán aquellos, que hagan todo lo contrario, por un puñado de riquezas, deje empobrecida a la comunidad viva y a la que vendrá, ¿vale la pena?, te pongo un ejemplo, tú tienes que vivir, es cierto, eso lo contempló la Naturaleza, debes alimentarte, abrigarte y construir una vivienda, de poco le serviría al cazador matar a todos los animales, para que no le falte abrigo y comida, la tendría sí, de sobra, se le echaría a perder y en los días subsiguientes, ¿qué comería?, si extinguió a los animales que le brindaban el alimento y el abrigo. Con el leñador, pasaría algo parecido, pero más grave aun, al derribar los árboles, sin plantar otros nuevos en su sitio (esto serviría, para mantener el equilibrio ecológico, sobre el planeta Tierra), no sólo para darnos sombra, existen los árboles, o para que los distintos animalitos construyan sus viviendas, tampoco, para que el hombre construya casas y muebles, los árboles, cumplen una función importantísima, la repetiré una vez más, "FOTOSÍNTESIS", nos hacen entrega del oxígeno, y hay algo que deben recordar bien, por las raíces de los árboles, éstos absorben agua, hasta llegar a sus hojas, allí es donde, al evaporarse el agua, se forman importantes nubes, imagínate, lugares con importante cantidad de árboles, se evaporarán, grandes masas de agua, esa gran cantidad de agua, es la misma que los árboles extraerán de los Ríos, ahora viene un punto importantísimo, este, me gustaría que se comprenda y se recuerde bien, si quitáramos los árboles, correrían caudales muy grandes de agua, donde desbordarían los Ríos, provocando tremendas inundaciones, arrasando casas de todo tipo, hasta las casas de leñadores y cazadores, sabiamente la Naturaleza, colocó, donde la temperatura es elevada, gran cantidad de árboles, de este modo absorben mucha agua, ésta se evapora, se condensa formando nubes y al saturarse, devuelve nuevamente en forma de lluvia el agua a la Tierra, modelando la temperatura, haciéndola descender, de otro modo, se produciría un recalentamiento, sobre la superficie terrestre, esto terminaría con la vida, de muchas especies de animalitos, seguramente, el destructor del ecosistema desaparecido, no tomó en cuenta, ni le interesó, pero llegará un día, que desesperado, buscará un remedio, para el problema que causó, será tarde y observará sus riquezas acumuladas, gracias al desastre ecológico que desató, se dará cuenta, que había algo más importante, que lo material, perderá, el más valioso de los tesoros, ¡¡¡LA VIDA!!!, por eso, la desesperación de pedirte ayuda urgente, esta ayuda, también será para vos y todos los tuyos, protégenos y te protegerás, es necesario, frenar este desastre ecológico y hacerles comprender a estos destructores, que se tomen un breve tiempo para pensar, inteligentemente, algún medio alternativo, sin llegar a destruir vidas, incluyendo la suya, pero, con el CEREBRO Y NO CON EL BOLSILLO, por eso, este pedido de ayúdanos y te ayudarás, pero hay que comenzar, ¡¡YAAAAAAA!!

- Me has sorprendido gratamente Río, contesté, es importante, que tengan todos un sueño como éste, lo antes posible, así, se podría frenar esta inconsciencia generalizada, donde lo material está con un concepto tan elevado, que la vida pasó a segundo plano, esto, ¡ya es grave!, (lamentablemente), fíjate Río, estamos viviendo dentro de esta destrucción y si no es por ti, ni cuenta nos damos, todavía me agradeces, soy yo el agradecido y pediré ayuda inmediatamente.

- ¡Así es!, me respondió el Río, es más rápido y efectivo contarlo de este modo, porque participan mayor cantidad de oyentes, que traerlos de a uno y explicarles nuevamente, todo igual que a ti, corriendo el riesgo, que no lleguen a comprender este mensaje, mejor emplea este camino, ahora vuelve a tu cama y a tu destino, al despertar, recuerda prolijamente este cuentito.

- ¡Espera!, no tan de prisa, le respondí al Río, si quisiera comunicarte algo importante, ¿cómo hago si no podré volver aquí y verte?

- No hace falta que tú vengas, siempre estaremos en contacto, además, si cumples con lo pactado, inmediatamente nos daremos cuenta, nosotros y tú, en el cuidado de esta casa gigante, que es el planeta Tierra, donde felizmente todavía vivimos y podremos con inteligencia salvar. Y continuar viviendo.

- Sin darme cuenta volví a mi sueño, en mi cama. Transcurrió la noche o lo que restaba, hasta el amanecer, al despertar sentí, que algo importante había ocurrido, exactamente no supe qué, hasta oír el canto de unos pájaros y lentamente en mi mente fue aflorando un hermoso paisaje y me sentía interiormente muy feliz, me resultaba un tanto conocido ese lugar, con muchos árboles y muchas variedades de flores, ¡era un bosque!, un gran Río cruzando ese bosque, muchos animalitos rondando entre tantos árboles, mucho colorido y algo muy notorio, la tranquilidad que reinaba en ese sitio, comenzó a hilvanarse, detrás de esa imagen, palabras que formaban preguntas y al mismo tiempo las respondía, ¿dónde queda ese lugar, que invade mi mente?, ¿alguna vez estuve allí?, las respuestas fueron parecidas, ¡sí!, estuve allí y disfruté muchísimo del lugar, por tranquilo y bello, ahora entiendo, porque el recuerdo es nítido e importante, a raíz de estos pasajes, que invadían mi mente, pensé si sería conveniente escribir un libro de cuentos, con lo que tenía en mí interior, muy extraño de explicar, es algo hermoso, que deseo contar y al mismo tiempo, sentí temor de poder perderlo, entonces sucede esa mezcla de temor y gozo, gozo, por tenerlo y disfrutarlo, temor, a que sea destruido, ¡ahí está!, temor a la destrucción, ¿pero de qué?, podría ser del lugar que imaginé, podría ser un parque, un jardín, en fin, toda destrucción, es atentar contra la vida, estas palabras suenan familiares, son las palabras, que utilizaba el Río en mí sueño, recordé la promesa, así también, será importante pensar permanentemente, en el terrible peligro que corre la HUMANIDAD, y toda la VIDA sobre este planeta Tierra si continuaran desbastando los bosques y selvas como está ocurriendo en distintos puntos del Mundo, hay que recordar con insistencia, la gravedad de seguir talando árboles, si llegáramos a derribarlos a todos, no tendríamos bosques, tampoco tendríamos animales, en ese extremo caso, ¿cómo viviríamos?, ¿podríamos vivir?, seguramente, ¡NO!, se terminaría la vida sobre el planeta Tierra, de qué sirve explorar otros planetas y querer encontrar signos de vida en otros puntos de la GALAXIA, si no cuidamos el que tenemos, ¿lograrán hallar otro sitio, antes de terminar con la NATURALEZA, aquí, en el planeta Tierra?, hay que tomar conciencia de la importancia que tiene, ¡¡¡¡LA VIDA!!!!, por encima de todo y de todos, ¡HAY QUE SEGUIR VIVIENDO! Así comenzó una etapa nueva, la de informar rápidamente, sobre todo a los niños, valiéndome de este cuentito, así le prometí al Río, pero también, informaré a los adultos, a ellos que todo lo saben y sin querer o queriendo, están terminando con la vida animal y humana sobre nuestro planeta Tierra, el llamado de este sencillo y profundo cuentito, es poder difundirlo en lugares importantes y puros, como son las escuelas, donde se les enseña a los niños, desde el nacimiento de una plantita, es decir, la etapa de la GERMINACIÓN, cuidarla y protegerla, como la creación del capullo del gusano hasta convertirse en mariposa, donde el niño queda sorprendido y recordará por siempre ese "mágico" suceso, por ello sería interesante leer este cuentito donde asistan numerosos, ¡niños!, porque a ellos va dirigido especialmente este mensaje, si algún grupo de "personas grandes" sensibles que amen y respeten la vida, quisieran sumarse para pedir, por todos los medios, hasta la vía jurídica, si fuera necesaria, en defensa de aquellos que sentimos tremenda impotencia, conociendo el terrible daño que se está cometiendo, cada vez mayor, ocasionado simplemente por un vil metal y lograr, ¡poder!, que llegado ese instante crucial y terminal, que comenté anteriormente, ¿serviría de algo, tener riquezas y poder? ¡A ver señores gobernantes del MUNDO!, si han leído este cuentito, e interpretado su humilde mensaje, de la única forma existente posible, pero sin pérdida de tiempo, difundiendo una campaña ecológica inminente y controlar que se cumpla, cada una de ellas, con sanciones, si fuera necesario, este pedido, es solicitado al MUNDO, en nombre de los futuros habitantes del planeta Tierra, los que estamos habitándolo, por nuestro bien y el de nuestras futuras generaciones, sin distinción, aquí no escapan, ricos ni pobres, por ustedes señores gobernantes y sus futuras generaciones, ¡HAGÁMOSELA FÁCIL A LA NATURALEZA! ¡¡¡¡Síííííí!!!!

FIN

www.ingramcontent.com/pod-product-compliance
Lightning Source LLC
Chambersburg PA
CBHW071548150726
48000CB00002B/974